Impressum

Herstellung und Verlag:
BoD - Books on Demand, Norderstedt
ISBN 978-3-7347-0755-1
Für den Inhalt des Buches zeichnet der Autor
verantwortlich
© 2015

Manche Träume
Bedrohen dich in der Nacht
Doch das sollten sie nicht
Denn sie sind ein Produkt der Seele
Lass die Träume wieder zu
Halte sie fest
Denn sie sind wertvoll
Einzigartig wie ein Wimpernschlag
Und selten nur ein Alb

Schmutziger Ort

Irgendwo in dieser Stadt
Dort, wo keiner Namen hat
Fand ich dich am Rand der Zeit
Warst zu schnellem Sex bereit
Dort, am Ende aller Zeit
Irgendwo in dieser Stadt

Warfst dir harte Drogen ein
Bloß nichts fühln! Das muss so sein!
Träume, Liebe gab´s dort nicht
Niemand schaut dir ins Gesicht
Traum und Hoffnung gab´s dort nicht
Selbst das Bier war selten rein

Tränen netzten deinen Blick
Wolltest Freiheit, nur ein Stück
Irgendwo in dieser Stadt
Wo kein Mensch mehr Namen hat,
bliebst du hungrig, warst nicht satt
Sehnsucht netzte deinen Blick

Als ich ging, bliebst du zurück
Bliebst im Schatten, ohne Glück
Irgendwo im Hinterhaus
stirbt so manche graue Maus
Dort hälts keiner lange aus!
Kann man leben ohne Glück?

Und schon bald fuhr ich nach Haus
Hier sieht alles anders aus
Trank den Sekt, so gegen Vier
War doch noch so nah bei dir
Schloss die dicke Eingangstür
Weit entfernt vom Hinterhaus

Ende

Er ging den weiten Weg hinaus
Es war ein neblig, trüber Tag
Der Morgen sah wie jeder aus -
da ging er fort von seinem Haus
Sein Blick, so starr und ohne Frag

Ein Regenschauer zog ins Land
Hier draußen, wo sonst keiner lebt
Er hat die Fotos längst verbrannt
Nur Einsamkeit lag überm Land
Für seinen Traum war´s längst zu spät

Sein Leben ließ er weit zurück,
in diesem Haus, am stillen Wald
Er suchte nicht mehr nach dem Glück
Und ließ die Hoffnung weit zurück
Und war erst fünfzig Jahre alt

Vor vierzehn Tagen war´s genau,
als er hier seinen Sohn verlor
Und wenig später starb die Frau
Es war wohl hier, ja ja genau,
als seine Seele starb, erfror

Bis dahin schien das Leben gut
Karriere, Geld, ein Haus, ein Boot
Doch irgendwann verlosch die Glut
Mit der Familie liefs nicht gut
Und plötzlich waren alle tot

Er setzte sich auf einen Stein,
hier draußen, auf dem weiten Feld
Warum nur musste das so sein?
Am Schluss ein Kilometerstein!
Am Ende hilft nicht Gut, nicht Geld!

Noch einmal raffte er sich auf
Noch zwei, drei Schritt, irgendwohin
Was für ein allerletzter Lauf!
Warum rafft man sich immer auf?
Und wo liegt aller Lebenssinn?

Es wurde Nacht und er blieb stehn
Ein Blitzschlag nahm ihn mit sich fort
Er konnte nicht mehr weiter gehn
Er blieb nur einfach wortlos stehn,
an diesem trüben schlimmen Ort

Geblieben ist ein Häuflein Staub,
das trieb in die Unendlichkeit
Ein Blitzschlag traf - es war nicht laut
Von manchem Leben bleibt nur Staub
in einer schwarzen Dunkelheit

Sein Haus ist fort, es steht nicht mehr
Man riss es ab vor kurzer Zeit
Und nur die Steine wiegen schwer
Sein Haus, sein Leben gibt's nicht mehr
Was ist's, dass nach uns übrig bleibt?

Am Berg

Verrückte Stadt
Verhallt mein Schrei nach Liebe
Die Menschen hier,
die geben mir nichts mehr
Ich zieh davon,
in aller Herrgottsfrühe
zum fernen Ort
Der Abschied fällt nicht schwer

Am schroffen Berg,
ein Schneesturm schlägt ins Auge,
bau ich ein Zelt
Ein Bär streicht nah vorbei
Ich atme tief
Wohin ich immer schaue,
wacht Einsamkeit-
Sie ist mir einerlei

Die Nacht beginnt
und Kälte zieht ins Herze
Und Sehnsucht sinnt
nach einem andern DU
Ich esse mein Brot
Mich wärmt nur eine Kerze
Doch irgendwie
komm ich wohl nicht zur Ruh

Mein Licht verlischt
Die Müdigkeit erdrückt mich
an jenem Berg
Der Sturm zog lang vorbei
Gedankenflug
Der Mond scheint unerbittlich
ins Zelt hinein
und leckt die Seele frei

Aus meinem Traum
entsteigt ein fremdes Wesen
So wunderschön
Und mir wird's langsam warm
Mir ist´s,
als sei es immer hier gewesen
Ich spüre Glück
Vorbei der alte Gram

Doch bleibt nur kurz
dies sagenhafte Wunder
Es flieht die Nacht
Und fliehen will mein Traum
Er schien so nah
Nie war ein Märchen bunter
Doch blieb in meiner Seel
am Ende doch nur Schaum

Ein neuer Tag
holt mich aus meinem Schlummer
Der Berg ruht stumm
Ich kriech aus meinem Zelt
Die Einsamkeit bringt
Trauer, Tränen, Kummer
Und ich brech auf,
zieh wieder in die Welt

Verweht die Nacht,
zerfallen mit den Träumen
Jenseits Bergs
erkenn ich plötzlich: dich
Und meine Spur verweht
schon zwischen kahlen Bäumen
Dort hinterm Berg,
da küss ich Dein Gesicht …

Die Angestellte

Es war ein Morgen, irgendwann
Der Kaffee schmeckte schlecht, so schlecht
Noch schnell ein Küsschen für den Mann
An diesem Morgen, irgendwann
Sie macht´ es allen immer recht

An jenem Tag, als Regen fiel,
war´s trübe noch und seltsam lau
Ihr Job war hart, kein leichtes Spiel
Der Tag war grau und Regen fiel
Sie war ´ne starke schwache Frau

Sie sah das Elend vis-à-vis
Und mancher Fall wog tonnenschwer
Sie hielt es durch, wohl irgendwie
Sah so viel Trauer vis-à-vis
Doch auch sie selbst schien müd und leer

Vorm Spiegel in der Pause dann,
da sah sie sich und weinte leis
Ein Handyklingeln, wohl der Mann
Vorm Spiegel jetzt, minutenlang
Und irgendwo zerschmolz das Eis

Was, wenn sie einfach wortlos ging
Dorthin, wo alles Glück vielleicht
Dorthin, wo aller Segen hing
Wer fragt, wenn sie jetzt einfach ging?
Ob´s für ein Leben dann noch reicht?

Sie schloss die Augen, hielt sich fest,
und wankte hin und wieder her
Was, wenn man sich mal treiben lässt
Sie hielt am Waschbecken sich fest
Im Leben geht so manches quer

Was für ein schöner ferner Traum
Sie wischte sich die Tränen fort
Mit Seife und mit reichlich Schaum
wusch sie sich ab den großen Traum
Man rief nach ihr, mit lautem Wort

Und lächelnd lief sie schnell zurück
Ein neuer Kunde wollte Rat
Wo liegt des Lebens größtes Glück?
Sie lief nur ins Büro zurück!
Und tat, was sie sonst immer tat!

Sie sagte JA, sie sagte NEIN
Der Arbeitstag ging schnell vorbei
So musste es wohl immer sein
Ein Leben zwischen JA und NEIN
Ihr Mann kam heim, so gegen 3 …

Der Schauspieler

Er hatte einfach nur gelacht
Der Schauspieler im letzten Akt
Er sah uns an und hat gelacht
Woran nur hatte er gedacht?
Der Schauspieler im letzten Akt

Er spielte so unsagbar gut
Der Schauspieler gab alles hin
Er weinte auch und zeigte Wut
Ging es ihm wirklich immer gut?
Der Schauspieler gab sich nur hin

Am Ende ging der Vorhang zu
Der Schauspieler schminkte sich ab
Er wollte jetzt nur seine Ruh
Der Vorhang ging für heute zu
Es war ein wirklich guter Tag

Dann ging er heim, tief in der Nacht
Die Frau, die Kinder schliefen schon
Ein Kuss für alle, nur ganz sacht
Denn es war still und es war Nacht,
fernab vom Bühnenmikrofon

Und als er träumte, selbst sich sah,
da spürte er auch Einsamkeit
Wer er im Spiel auch immer war,
er blieb allein dort, unnahbar
Und Frau und Leben schienen weit

Er brauchte den Theaterschein
Die Kinder hatten ihn vermisst
Er wollte jemand anders sein
Ein Leben zwischen Schein und Sein
Er hat die Frau nur sacht´ geküsst

Am nächsten Morgen gegen Acht
ging er zur Probe für sein Stück
Er hat „Adieu" nur leis gesagt
Ging ins Theater gegen Acht
Denn dort, nur dort fand er sein Glück

Er hatte wieder gut gespielt
Der Schauspieler im letzten Akt
Ob er sich wirklich wohl gefühlt?
Wer weiß das schon – er hat gespielt!
Ein Schauspieler im letzten Akt …

An Gott

Sag mir, warum hilfst Du nicht?
Lieber Gott im Himmelzelt
Schau mir doch mal ins Gesicht
Sag, warum hilfst Du mir nicht?
Es ist kalt auf Deiner Welt

Sag mir, warum sprichst Du nicht?
Lieber Gott, dort, irgendwo
Spende doch mal Trost und Licht
Sag, warum nur sprichst Du nicht?
Bin so einsam und nicht froh

Sag mir, warum bleibst Du fort?
Lieber Gott, Du großer Mann
Hörst Du nicht mein fragend´ Wort?
Sag, warum nur bleibst Du fort?
Ich zerbreche irgendwann!

Sag mir, gibt's Dich überhaupt?
Lieber Gott! Bist Du Prophet?
Bist Du leise oder laut?
Scheinst doch irgendwie vertraut
Kennst Du meinen rechten Weg?

Sag mir, wann kommt meine Zeit?
Lieber Gott, Du bist so fern
Überall scheint Dunkelheit
Sag, wann kommt mal meine Zeit?
Plötzlich strahlt ein heller Stern …

Dämmern

Es dämmert schon
Ein Duft zieht um mein Häuschen
An diesem Ort
zieht Müdigkeit nun ein
Ich schau mich um
Da piepst ein winzig´ Mäuschen
Und irgendwie
fühl ich mich sehr allein

Ein greller Blitz
Es wird mir immer schwüler
Und Regen wäscht
die Fenster wieder klar
Da wünscht´ ich mir,
es wäre etwas kühler
Doch nichts bleibt so,
wies vorher einmal war

Der Sommer naht
Ich spür schon jetzt die Hitze,
die mir so mache Stund
den Atem mir fast nahm
Da ist auch Angst
Sie kriecht durch manche Ritze
und reibt sich voller Lust
an meiner Seele wund

So will ich fort
in kühlere Gefilde
Wo manches nicht
so heiß gegessen wird
Ich mag sie nicht
die Angst, die immer wilde
Such nach der Ruh,
und such auch mein Gesicht

Es dämmert lang
Die Nacht wird gleich beginnen
Kein Regen mehr
Und auch kein greller Blitz
Ich weiß genau,
die Angst wird bald verrinnen
Der Sommer kommt,
und auch so mancher Witz …

Eine Weihnachtsgeschichte

Ein Weihnachtsabend gegen 3
Das junge Paar sitzt unterm Baum
Ein kleines Kind ist auch dabei
Es ist an Weihnacht gegen 3
Was für ein schöner Weihnachtstraum

Gleich gibt's Geschenke reichlich, satt
Das Kind, gespannt, ist voll von Glück
Der Weihnachtsmann kommt in die Stadt
Und bringt Geschenke, reichlich, satt
Und Papa kennt den Weihnachtstrick

Er geht hinaus und lächelt leis
Und sagt noch schnell: „Gleich ist´s soweit!"
Die Spannung steigt, dem Kind wird´s heiß
Der Papa lächelt nur ganz leis
Und so vergeht die Stund, die Zeit

Die Mutter nimmt das Kind zu sich
Und streichelt sacht ihm übers Haar
„Wo bleibt der Papa?", fragt sie sich
Und nimmt das Kind ganz sacht zu sich
Der Weihnachtsmann ist noch nicht da

Der Abend geht, längst schläft das Kind
Es hat nach Papa kurz gefragt
Vorm Hause streicht ein eisig` Wind
Die Mutter bracht ins Bett das Kind
Und hofft am Fenster voller Klag

Wo bleibt der Papa, wo der Mann?
Warum in dieser Weihnachtsnacht?
Lang schaut im Spiegel sie sich an
Wo bleibt nur unser Weihnachtsmann?
Hat der sich aus dem Staub gemacht?

Am nächsten Morgen klingelts früh
Zwei Polizisten, dort vorm Haus
Sie stelln sich vor und fragen sie
Für manche Nachricht ist´s zu früh!
So sieht kein Weihnachtsmorgen aus!

Man fand den Wagen irgendwo,
zerschellt an einer Häuserwand
Da war das Glatteis, einfach so,
in einer Straße, irgendwo
Den Toten man erst morgens fand

Die Polizisten gehen schnell
nach Haus, wo Weihnachtsmusik singt
An jenem Morgen wird´s nicht hell
Und mancher Tod kommt eben schnell
Manch Papa nie Geschenke bringt

Das Kind erwacht so gegen 10
Und fragt nach seinem Papa bald
Die Mutter bleibt im Zimmer stehn
Es ist an Weihnacht, früh um 10
Und in der Wohnung ist´s so kalt

Sie nimmt das Kind in ihren Arm
Und drückt es fest ans Mutterherz
Wolln wir zum Weihnachtsmann jetzt fahrn?
Sie hält das Kind ganz fest im Arm
Und schluckt hinunter ihren Schmerz

Und alle Fragen bleiben fort
Es gibt auch keine Fragen mehr
Wo gestern noch ein schöner Ort,
bleibt aller Weihnachtszauber fort
Der Weihnachtsmann kommt nimmer mehr

Sie steigt ins Auto mit dem Kind
„Komm lass nach Papa uns jetzt schaun"
Es weht nur eisig kalt ein Wind
Sie fährt davon mit ihrem Kind
Auch draußen steht manch Weihnachtsbaum

Man sieht sie rasen übers Land
Es fällt der Schnee so weiß und dicht
Sie nimmt das Kind fest an die Hand
Es ist doch Weihnachten im Land
Die nächste Kurve sieht sie nicht

Dann ward es still – kein Schnee, kein Wind
Nur einsam steht ein Weihnachtsbaum
Sie stieg ins Auto mit dem Kind
Und wollt zum Weihnachtsmann geschwind
Nur einmal noch den Weihnachtstraum

Und irgendwo zur Weihnachtszeit,
da wartet manches Kind verzückt
auf Papa mit dem Weihnachtskleid
Am Himmel hoch zur Weihnachtszeit
leuchten drei Sterne voller Glück …

Im Wald

Erinnerung an alte Zeiten
Irgendwo im tiefen Wald
Wollt mit dir zusammen bleiben
Doch die Liebe wurde kalt

Konnte dich nicht länger halten
Du gingst fort aus dieser Stadt
Und ich spür den Wind, den kalten
Weil ich nichts zum Wärmen hab

Hier im Wald ist so viel Ruhe
Ahn dich hinter jedem Baum
Schmutzbeschwert sind meine Schuhe
Schmutzbeschwert scheint mancher Traum

Hintern Busch ein wilder Eber
Selbst dies Schwein will nichts von mir
Bis zu ihm sind´s nur drei Meter
Endlos weit ist´s bis zu dir

Auf dem Hochsitz mach ich Pause
Einen Whisky auf uns zwei
Früher gab´s für uns nur Brause
Ohne Pep war´s schnell vorbei

Plötzlich ist es Nacht geworden
Und ich spür die Kälte schon
Nein, ich bin noch nicht gestorben,
auch wenn ich nicht bei dir wohn

Werd dir sicher nochmal schreiben,
weil ganz tief im Herz was blieb
Erinnerung an alte Zeiten
Denn ich hab dich doch noch lieb …

Regenguss

Ein Regenguss fällt in dein Leben
Ein Regen fällt in deinen Tag
Du schimpfst und fluchst
und willst nicht beten
Doch irgendwann, da trifft es jeden
Und du vergehst in Leid und Klag

Ein Donnerschlag zerreißt die Seele
Ein Donnerschlag zerbricht dein Hirn
So wundgeschrien die trockne Kehle
Dass diese Zeit bloß schnell vergehe
Dass dich die Ängste nicht verwirrn

Ein Blitz zuckt grell in deine Augen
Ein Blitz verbrennt den müden Blick
Fast blind suchst du nach Gottvertrauen
Und willst den Menschen wieder glauben
Doch du bewegst dich nicht ein Stück …

Absturz

Vom hohen Ross bist du gefallen
in einen Spalt, der tief und hart
Dir fehlt die Kraft zum Fäuste ballen
Dir fehlt die Kraft zum neuen Start

Von goldnen Ketten, Edelsteinen,
blieb dir doch nichts, als nur du selbst
Und von dem Leben, dem gemeinen,
blieb süßer Schnaps, in dem du schwelgst

Die Träume von der großen Liebe,
zerplatzt bei Sonnenuntergang
Die Zeit der Nacht und dunklen Triebe
verändert dich ein Leben lang …

Sturm

Ein Sturm dringt ein in die Gedanken
Er fegt die letzten Tränen fort
Und plötzlich brichst du alle Schranken
Du fühlst dich nicht mehr unverstanden
Brichst auf zu einem neuen Ort

Die Hoffnung birgt stets neues Leben
Geh einfach los, hör auf dein Herz
So vieles kannst du jetzt bewegen
Denn Hoffnung birgt stets neues Leben
Dein Wille treibt dich himmelwärts

Den Wind zu spürn, die Sonne sehen,
dies alles gibt es nicht für Geld
Mensch, jetzt steh auf, du kannst verstehen
Auch du wirst bald die Sonne sehen
Und kämpfen auch für deine Welt

Ja du bist gut! Weiß um dies Wissen!
Mach deine Träume endlich wahr
Dann wird ein bessrer Tag dich grüßen
Denn du bist gut und willst es wissen!
Dein Leben wird ganz wunderbar …

Kalter Winter

Der Winter ist so kalt
Ich sehne mich nach Dir
In dieser Traurigkeit
Allein
Und getrennt von Dir
Bin ich am See
Er ist so kalt
Ich fühle mich nicht wohl
Und ein heftiges Gewitter droht
Es will mich töten

Fremde Gesichter
Sie sind mir unbekannt
Doch kenn ich sie
Von irgendwoher
Schatten in der Fremde
Spuren im Schnee
Mein eigener Herzschlag
Der mich betäubt
Er lässt mich nichts mehr fühlen
Und auch nichts sehen
Bin ich gar blind?
Oder nur stumm?
Zu dumm und blöd für dieses Sein?

Blumen für die Spinner
Und keiner kann es so gut wie ich
Bin ich nicht ehrlich?
Zu Dir?
Zu mir?
Zu allen um mich herum?
Zu wem eigentlich?
Ich lüge nie, und doch immer wieder
Weil ich´s nicht anders kann
Ich bin doch klug!
Oder etwa nicht?
Wenn´s um mich geht,
bin ich zu doof!
Es bleiben tausend Fragen!

Du gehst mit mir ins Ungewisse
In die Stadt der Angst
Die Stadt der Fremdheit
Du gehst mit mir ins Reich des Alleinseins
Des Fluches
Und der Flucht
In ein Reich der unbezwingbaren Sucht
Doch nur in den Gedanken
Ich torkele und spür sie nicht
Die Seele
Nein, ich bin noch nicht betrunken
Und Drogen sind mir fremd
Ich werd sie niemals nehmen

Es bebt das Meer
Der Ozean
In jener Welt
Der Abgeschriebenen
Ich bin kein neuer Mensch
Ich bin schon alt
Und jung geblieben
Und doch so fern von allen Lüsten oder
Trieben
Im Moment
Denn Du bist fort
Und all die Fremden um mich herum
Sind wie Gespenster
Sind ohne Namen
Und ohne Gefühle auch
Mich drängts zur Flucht
In neue Räume
In einen andern Schoß
Und dann wird auch die Sonne wieder
scheinen
Denn in diesem Leben
Kann ich ändern und bleibe dennoch
Immer ICH!

Abschied?

Ich steh auf einer Brücke
Gespenster spieln im Fluss
Im Hirn klafft eine Lücke
Die Seel braucht eine Krücke
Im Hirn nur eine Lücke
Ich habe keine Bitte
Und hab auch keinen Gruß

Die Nacht senkt sich hernieder
Ich wart auf Irgendwas
So fern die Sommerlieder
Ich schau aufs Wasser nieder
Wann kommt die Hoffnung wieder?
Und jene Sommerlieder?
Und aller Lebensspaß?

Die Uhr schlägt Mitternachte
Und Nebel steigt empor
Die Kälte kommt ganz sachte
Du gingst, eh ich es dachte
Warst fort, als ich erwachte
Jetzt schlägt's nur Mitternachte
Ein Spiel, das ich verlor

So gern wär ich gesprungen
Doch größer schien die Angst
Es ist mir nicht gelungen
Und dort, wo wir gesungen
Mit Herz und aus den Lungen
Da bin ich nicht gesprungen
Ob Du wohl um mich bangst?

Es naht der neue Morgen
Ich schrecke hoch, s ist Fünf!
Im Schweiße aller Sorgen
Lieg ich bei Dir geborgen
Im weichen Bett verborgen
Und Du lachst ohne Sorgen
Ich hab noch an die Strümpf …

Erinnerungen

Bunte Farben in den eingeschmolzenen
Träumen meiner Kinderzeit
Ich bin an einem Punkte angekommen,
an welchem ich nicht mehr weiter weiß
Und ich suche einen Rat
in den alten Märchenbüchern
Und ich wünsch mir die Wahrheit
aus den seidnen Zaubertüchern
Und weiß doch längst-
Ich bin schon lang zu alt
für diese fernen, fernen Spiele

Teddybären mit den blauen Schleifchen
und der grüne Wasserball
Er schwimmt behänd davon
auf den Wogen meiner kalten Tränen
Ich kann ihn nicht mehr halten
Ach Teddy,
gib mir doch wie früher einen Halt
Aber er schweigt, sie ist eben vorbei,
die Zeit der Feen und der Aschenputtel
Im zerbrochenen Spiegel
wirkt mein Gesicht so müde – oder schwach
Und es wirkt blass
Und ich spür es längst
Ich bin schon lang zu alt
für diese fernen, fernen Spiele

Die alten Kinderlieder,
wo alles noch so rein und klar,
wo ich mal unbeschwert und glücklich war,
sind längst verklungen
in verklärender Unendlichkeit
Die holt mir keiner mehr zurück
Jetzt rennt man wohl nach andren Sachen
Ich habe das Verlieren nicht verlernt
Und in den feuchten Nebeln
verwunschener morgendlicher Wiesen
seh ich der Liebsten makelloses Antlitz
nimmermehr
Gewesen ist gewesen!
Und ich weiß es längst
Ich bin schon lang zu alt
für diese fernen, fernen Spiele …

Der letzte Sommer

Als hell die Sonn erstrahlte,
sah sie ins Himmelblau
Der Tag ihr Lächeln malte
in jener Sonn, die strahlte
Die schöne starke Frau

Mit Schmerzen, kaum erträglich,
ging täglich sie hinaus
Der Sommer war so herrlich
Die Schmerzen unerträglich
So einsam stand ihr Haus

Am See unter den Bäumen
Lag sie so oft und gern
Sie gab sich hin den Träumen
am See, unter den Bäumen,
bis abends kam manch Stern

Ein Herbst zog auf von Norden
mit Stürmen, nass und kalt
Sie ist so sanft gestorben
Es kam ein Herbst von Norden
Sie wurde nicht sehr alt

Es ist so ruhig geworden
im Haus am See, beim Wald
Und wie an jedem Morgen,
wo es so ruhig geworden,
die schönste Sonne strahlt

Von ihr ist nichts geblieben
und doch scheint sie nicht fort
Ich wollt sie ewig lieben
Doch ist mir nichts geblieben
an diesem schönen Ort

Ich seh noch heut ihr Lachen,
als Sommer war im Land
Und fahr in einem Nachen,
so fern von ihrem Lachen,
am Ufer leis entlang

Es war ihr letzter Sommer
Ob sie mich hört und sieht?
Mir scheint der ferne Donner
in jenem letzten Sommer
um Antwort fast bemüht

In Samt und auch in Seide
sang sie so gern vom Glück
So schwebt über der Heide,
in Samt und auch in Seide,
noch heut vom Lied ein Stück

Der Schnee deckt zu die Wipfel
Und kahl liegt Wies und Feld
Und übern steilen Gipfel,
fliegt Schnee über die Wipfel
Und ich zieh in die Welt

Der Tote

Ein Toter ward am Fluss gefunden
Ich sah ihn dort, er lag so steif
Und sein Gesicht war nicht zerschunden
Ein Toter ward am Fluss gefunden
Er lag nur da im Morgenreif

Wir standen bleich und arg erschrocken
Man sieht gar selten solch ein Bild
Er lag, als wollte er uns schocken
Wir standen bleich und arg erschrocken
Er hat uns tief ins Herz gezielt

Gar Vieles könnte man jetzt sagen
Doch tot bleibt tot, da hilft nicht viel
Und selten ist man sich im Klaren
Gar Vieles könnte man jetzt sagen
Ist´s wirklich Tod oder nur Spiel

Ein Toter ward am Fluss gefunden
Er lag nur da, so bleich und kalt
Und nichts an ihm war da zerschunden
Man hat ihn einfach nur gefunden
So mancher wird heut nicht sehr alt

Resümee

Die Wolken ziehn, die Zeit vergeht
Die letzte Stund, vom Wind verweht
Wie als Gefangene, im Krieg,
erreichen wir niemals den Sieg

Und eh die Jugend richtig freut,
sind wir schon alte schwache Leut
Wir stehn vorm Spiegel ohne Glück
Das Leben schwindet Stück um Stück

Vom Geld gelockt wird stark die Gier
So mancher wird zum bösen Tier
Der Alkohol spült Leben fort
Und dunkelblass vergeht das Wort

Manch ferner Traum versinkt im Sumpf
Die Dummheit hält den besten Trumpf
Es klebt in unsrer Seele fest,
was äußerlich den Blick durchnässt

Was bleibt von allem, hier und jetzt?
Ein Mensch, ein Wesen, arg verletzt!
Was bleibt von aller Lebenszeit?
Doch nur ein Stück Vergangenheit!

Vogel

Es ist ein Vogel einst geflogen
Der Vogel brachte Glück und Licht
Und deshalb bin ich losgezogen
Doch fand ich diesen Vogel nicht

Wo mag der Vogel denn bloß leben?
Ich möcht ihn wirklich endlich sehn
Der Vogel könnt mir Freude geben
Und fliegen könnt´ ich, wunderschön

Da kam ich an im fernen Lande
und sah den Vogel - er war tot!
Mein Traum zerrann im heißen Sande
Und ich litt wieder arge Not

Vor Jahren ist das Tier gestorben
Hab an den Vogel oft gedacht
Ich sehnt´ nach ihm mich jeden Morgen,
dass er mich führt aus tiefster Nacht

Wohl sollt ich ohne Vogel leben!
Denn ich bin selbst mein eigner Herr!
Ich kann nicht fliegen, doch verstehen!
Ich (Und) brauche keinen Vogel mehr!

Karton

Ein Karton steht auf dem Boden
Der ist so klein und gar nicht groß
Soll ich ihn öffnen, ist's verboten?
Ein Karton steht auf dem Boden
Weiß nicht genau, was mach ich bloß

Er steht so da und irgendwie
scheint es mir fast, ich sollt es tun
Ist's ein Geschenk, das ach so lieb
Er steht nur da und irgendwie
wolln meine Sinne nicht mehr ruhn

Ich gehe hin, schau zur Adresse
Von wem er kommt, ist nicht zu sehn
Und mein Gesicht zeigt erste Blässe
Ich schau ihn an, such die Adresse
Die muss doch irgendwo dort stehn

Gedanken ziehn mir wirr im Kopf
Was, wenn es eine Bombe ist?
Vielleicht ein neuer Suppentopf?
Gedanken schwirrn durch meinen Kopf
Vielleicht ist drin der letzte Mist?

Da mach ich´s kurz und reiß behände
jenes Papier um ihn schnell auf
Es brennen mir beinah die Hände
Ich wünsch, dass ich was Schönes fände,
damit ich mir nichts Dummes kauf

Doch seh ich schon in seinem Innern
buntes Papier und nichts dazu
Und plötzlich fang ich an zu wimmern
Da ist nichts drin, in seinem Innern
Und aus ist´s mit der Seelenruh

Wer nur, wer hat mich veralbert
und mir ´nen Leerkarton geschickt
Ich fühl mich schlecht und stark gealtert
Was für ein Schelm hat mich veralbert
Da ist nichts drin - ich bin geknickt

Jedoch am Boden liegt ein Briefchen
Ich greif danach, freu mich sodann
„Für meinen Schatz", steht da,
„Mein Liebchen"
Was für ein schönes, nettes Briefchen
Schnell zünd ich mir ′ne Kerze an

Wohl war′s ′ne große Überraschung
von meinem Schatz aus Liverpool
Schnell noch ′ne Dusche, eine Waschung
Was für ′ne schöne Überraschung
Dieser Karton war wirklich cool …

Flammen

Es zügeln die Flammen,
verschlingen das Haus
Die Menschen da drinnen
sind lang noch nicht raus
Ach helft doch den Leuten
Sie brennen ja schon
Wie gut, dass ich nicht
in jenem Haus wohn

Es töten die Flammen,
das Haus ist lang fort
Und auch all die Menschen
Man fragt: War das Mord?
Doch keiner will´s glauben
Man sucht nach der Schuld
Warum das Gerede
Warum die Geduld

Es sterben die Flammen
Ein neues Haus steht
Und auch neue Menschen
Ob das wohl gut geht?
Und keiner stellt Fragen
Man sieht ja nichts mehr
Und wieder kommt scheinheilig
Frieden einher

Ostergedanke

Wieder tanzt du durch die Wiesen,
die so grün und saftig sind
Willst das Fest, das Glück genießen
Dir den Ostertag versüßen
Fühlst Dich wie ein Sonntagskind

Doch vielleicht denkst du an jene,
die jetzt gar nicht fröhlich sind
Die nicht haben all das Schöne
Wenn du bangst um alle jene,
dann bist du ein Gotteskind

Ein Gerichtsvollzieher

Im schwarzen Zwirn steht er vorm Haus
Er sieht schon ziemlich eigen aus
Er scheint so aufgeräumt und klar
Bald wirkt er wie ein Superstar
Doch sucht er nur Adressen raus

Von Leuten, die noch zahlen solln
Es rührt ihn nicht, wenn Tränen rolln
Er sieht so kompromisslos aus
Und steht doch einsam dort am Haus
Heut will er sich die Scheinchen holn

Er schiebt die Brille auf die Stirn
Darunter schlägt ein kluges Hirn
Jetzt will er Geld – er fühlt sich stark
Doch bleibt die Ausbeute oft karg
Er fühlt sich gut in seinem Zwirn

Ob er nicht manchmal Sehnsucht hat
nach jener Kindheit, die nicht glatt?
Nach seiner ersten Freundin auch
Nach einem Süßigkeiten-Bauch
Was findet mit dem Mann noch statt?

Ich schau von fern ihn lange an
Er ist ein wahrhaft stolzer Mann
Er lächelt kurz zu mir, wird streng
Er sieht das alles wohl zu eng
Ob er wohl auch mal frei sein kann?

Nervös zupft er sein Hemd zurecht
Fürwahr, an ihm scheint alles echt
Und doch bewundre ich ihn auch
Er ist so schlank, hat keinen Bauch
Von Bonbons wird's ihm sicher schlecht

Noch immer steht er dort am Haus
Er sieht so traurig, ratlos aus
Ich fahr davon und gebe Gas
Er schaut mir nach - war sonst noch was?
Wohl sucht er noch Adressen raus …

Der Taxifahrer

Es hat geregnet, stundenlang
Er sah durchs Fenster auf die Straß´
Die Nacht verging minutenlang
Und er fuhr Taxi, stundenlang
Der Asphalt glänzte regennass

Manch Träume kamen in ihm hoch
Was wäre, wenn es anders wär?
Wenn er mal käm aus diesem Loch
Die Hoffnung war da immer noch
Wär dann dies Leben nicht mehr schwer?

Ganz einfach weg sein, irgendwo
Und fliehen aus dem Alltagstrott
Dorthin, wo alle Menschen froh
Ganz neu beginnen, einfach so
Sein Taxi war doch eh nur Schrott!

Die Frau, die Kinder – Spießigkeit
Und irgendwann ein kleines Haus
Und irgendwann Verdrießlichkeit
Und sterben an der Müßigkeit
Das hält doch keiner ewig aus!

Ganz leise schlich er sich davon
Hinaus, wo kühl der Regen fiel
Die Nacht empfing ihn ohne Hohn
Er sah zum Haus, zu Frau und Sohn
Die ahnten nichts von seinem Ziel

Und er fuhr los, ins ferne „Nichts"
Der Regen wusch die Straßen frei
Er schien so fern des hellen Lichts
Die Nacht schluckt alles oder nichts
Und mancher Traum bricht da entzwei

Er war gefahren stundenlang
Längst lag die Stadt schwarz hinter ihm
Die Zeit verging wohl ewig lang
Und seine Seel´ geriet in Brand
Er wollt nur fort, irgendwohin!

Am Flugplatz hielt er endlich an
Sollt er jetzt fliegen ganz weit weg?
Er war gefahren stundenlang
Und mancher Traum hält ewig an
Wirft man so schnell sein Leben weg?

Er nahm sein Geld und zählte es
Es würde reichen – einmal hin!
Da blieb nichts übrig, nicht ein Rest
Was, wenn man alles jetzt verlässt?
Sein Herz schlug schnell tief in ihm drin

Und er stieg aus, lief schnell davon,
blieb stehen, blickte kurz zurück
Sein Taxi, seine Frau, sein Sohn!
Er war zu weit entfernt wohl schon?
Lag vor ihm nun der Traum, sein Glück?

Da sank er nieder und er schrie!
Jedoch ansonsten blieb es still
Was sollt nur werden – was und wie?
Er war gesunken auf die Knie
Und längst verblasst sein großes Ziel

Die Hände schmutzig, auch die Knie
Ganz langsam stand er wieder auf
Warum jetzt hoffen – was und wie?
Es wird schon gehen irgendwie
Der große Traum? Er pfiff darauf!

Er setzte sich ins Auto schnell
und fuhr zurück in seine Stadt
Der Horizont ward langsam hell
Von irgendwo drang Hund-Gebell
Dort, wo er sein Zuhause hat

Und eh der Morgen da begann,
saß er daheim am Frühstückstisch
Die Frau starrt´ ihn sehr lange an
„Hast Du geträumt, mein lieber Mann?"
Er hat die Tränen schnell verwischt

Und nahm den Sohn in seinen Arm
Die Zeit verging ein kleines Stück
In seinem Herz war's wohlig warm
Mit Frau und Sohn in seinem Arm
fand er zurück zu seinem Glück

An manchem Tag, in mancher Nacht,
da fuhr er Taxi, auch mit Spaß
Er hat sich nicht davongemacht
Und mancher Traum verging ganz sacht
Und mancher Asphalt glänzte nass …

Wimpernschlag

Ein Augenblick ist oft so kurz
Nimmt mich gefangen, immerfort
Ein Hochgefühl, ein Flug, manch Sturz
Ach, Augenblicke sind so kurz
Sie treiben mich von Ort zu Ort

Ein Wimpernschlag das Leben scheint
Keimt auf, vergeht, rinnt schon dahin
Vergeht im Glück, oft auch verweint
Ein Wimpernschlag nur alles scheint
Ein Wimpernschlag - mit welchem Sinn?

Ich denk nicht nach, leb weiter so
Manch Augenblick, manch Wimpernschlag
Spür Traurigkeiten, bin auch froh
Und denk nicht nach, leb einfach so
Denn neu ist jeder Lebenstag

Ohne Titel

Es war in einem großen, völlig neu gebauten,
schönen Saale
Es sollt Musik wohl geben,
hat man mir am Vortage gesagt
Ich war gekleidet, richtig toll in nobler,
allerbester Schale
In jenem tollen, blumenreichen
großstädtischen Saale
Ich hab mich einfach mal dorthin gewagt

Das Licht ward düster bald
und still saßen die Leute
Doch nichts geschah, zunächst, die Luft
parfumgeschwängert, noch
In mir ein wenig Lust, ein wenig Hoffnung
oder auch Erwartungsfreude
Inmitten all der vielen, mir so fremden,
gut situierten Leute
Mein Herz schlug schnell und langsam
und wohl auch ziemlich hoch

Es kam ein alter Mann, der spielte leis eine
nüchtern wirkende Gitarre
Und er sprach Texte, die ich anfangs
schwerlich nur verstand
An jenem Tag, an dem ich mich so freute,
plötzlich neu erwachte,
gab´s keine Hits und keine Songs, nur ein
Chanson zur leis spielenden Gitarre
Ganz ohne Beifall und ganz ohne einen
musikalisch tollen Sachverstand

Ich hörte zu und hatte plötzlich Tränen
in den wachen Augen
Der Alte sprach vom Krieg
und von der Nummer an der linken Hand
Was sind wir Menschen wert,
wenn wir für Kriege nur noch taugen
Ich sah die Kraft und die Entschlossenheit
in seinen müden Augen
Und in mir drin da loderte
ein unerklärlich heißer Seelenbrand

Dann ward es still,
der alte Mann längst schon gegangen
Die Leute schwiegen und ich wusst
auf einmal, wo ich war, ich bin
Ich wollte schreien nur vor lauter Trauer,
die mich so unglaublich gefangen
Doch war der Alte längst von dieser Bühne
fortgegangen
In mir blieb Schuld zurück
und eine lange Suche nach dem Lebenssinn

So saß ich da und wartete auf irgendwas,
dass ich nicht kannte
Mir wurde klar, es ist kein Krieg,
mir geht es gut und ich bin richtig frei
Die Alten, die einst gekämpft, gestorben
sind, als dieses Land beinah verbrannte,
sind wohl noch hier, geben ein Vermächtnis
weiter an manch totgeglaubte Schande!
Und eine Frau, die neben mir saß,
griff meine Hand und sagte leis:
Das geht niemals vorbei …

INHALT

6	Schmutziger Ort
8	Ende
11	Am Berg
14	Die Angestellte
16	Der Schauspieler
18	An Gott
20	Dämmern
22	Eine Weihnachtsgeschichte
26	Im Wald
28	Regenguss
29	Absturz
30	Sturm
31	Kalter Winter
34	Abschied
36	Erinnerungen
38	Der letzte Sommer
41	Der Tote
42	Resümee
43	Vogel
44	Karton
47	Flammen
48	Ostergedanke
49	Ein Gerichtsvollzieher
51	Der Taxifahrer
55	Wimpernschlag
56	Ohne Titel
59	

60